THiLO

Das große Unterwasserabenteuer

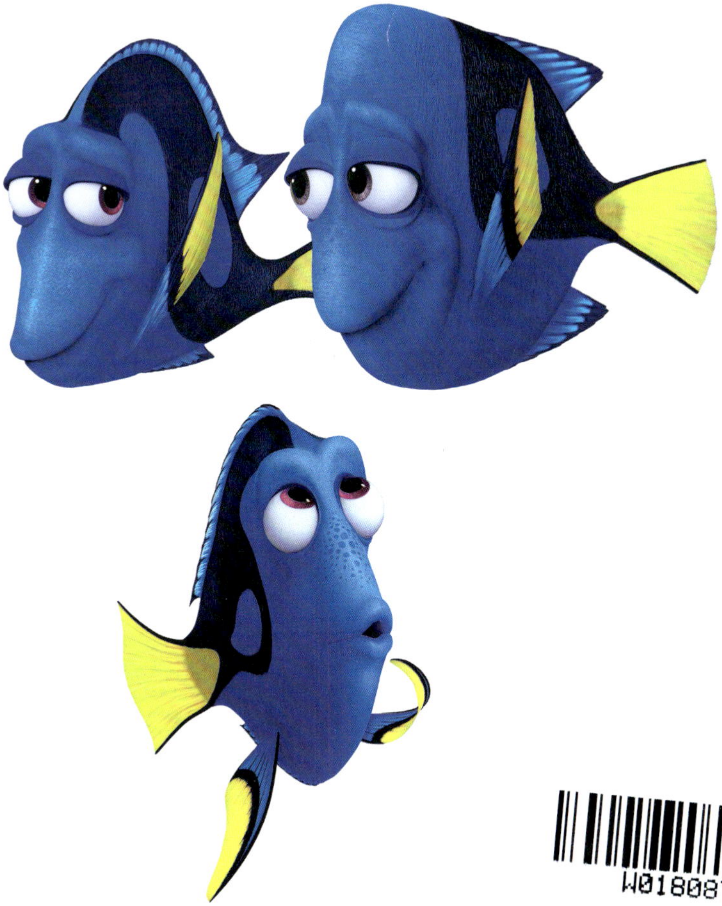

W0180872

Bibliografische Information der Deutschen Nationalbibliothek:

Die Deutsche Nationalbibliothek verzeichnet diese Publikation
in der Deutschen Nationalbibliografie.
Detaillierte bibliografische Daten sind im Internet
über http://dnb.d-nb.de abrufbar.

Originalausgabe
© 2016 Ravensburger Buchverlag Otto Maier GmbH
© 2019 für die Ausgabe mit farbigem Silbentrenner
Mildenberger Verlag GmbH, 77610 Offenburg

© Disney/Pixar

Producing: Produktmacherei, Stefanie Hahn
Bildsatz: rayhle designstudio

2019 für die Ausgabe mit farbigem Silbentrenner
Grafik: Mildenberger Verlag GmbH

Printed in Germany
ISBN 978-3-619-14423-5
www.mildenberger-verlag.de

Inhalt

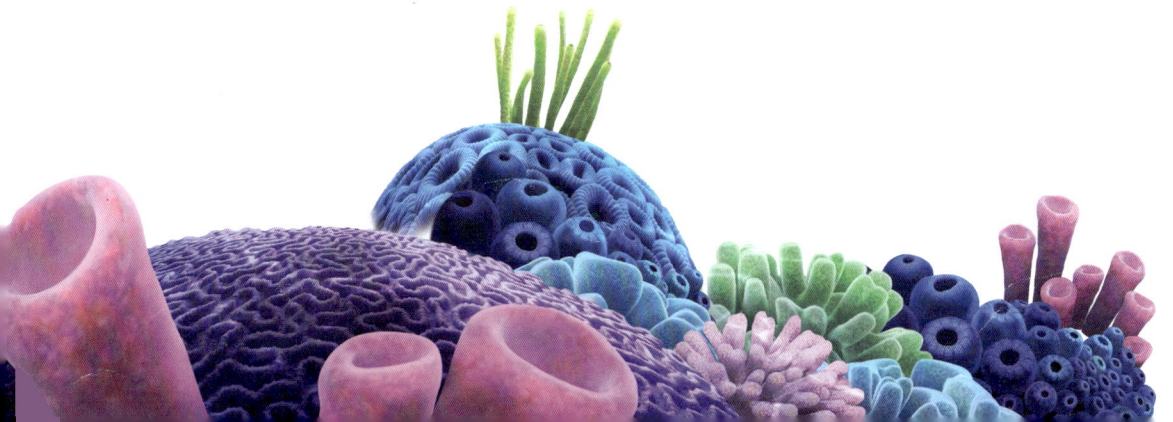

Wie Dorie zu Nemo kam

Dorie ist ein blau-gelber
Doktorfisch.
Sie hat ein ganz besonderes
Merkmal:
Sie kann sich einfach nichts
merken.
Dadurch wirkt sie manchmal
ein bisschen schusselig.

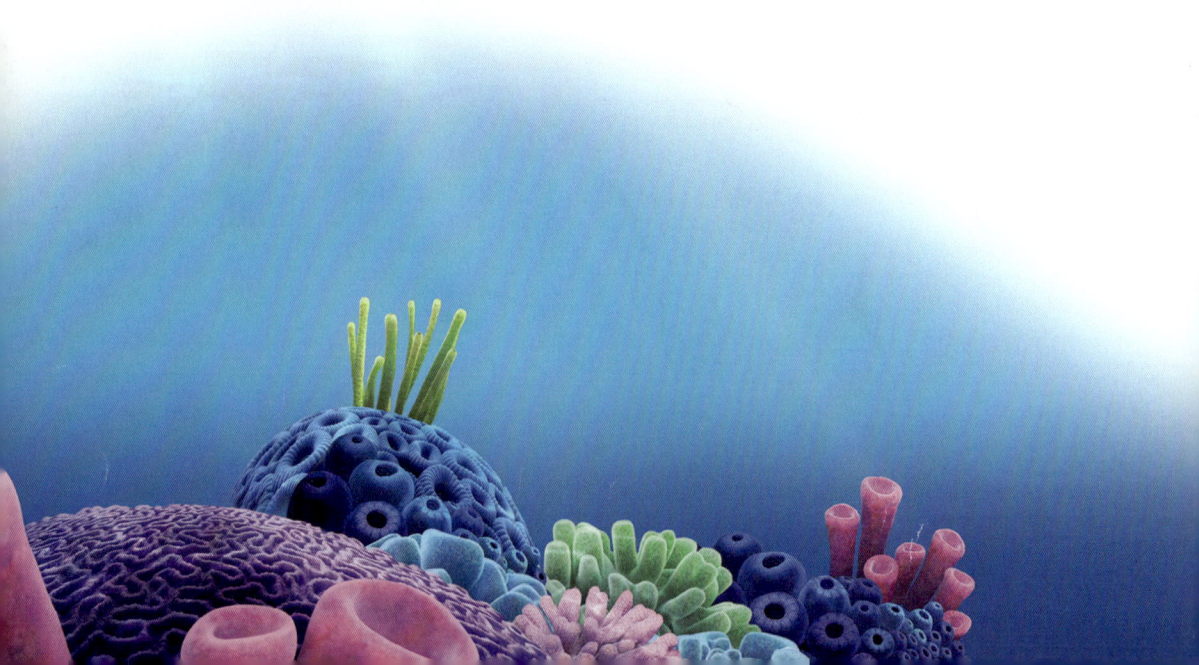

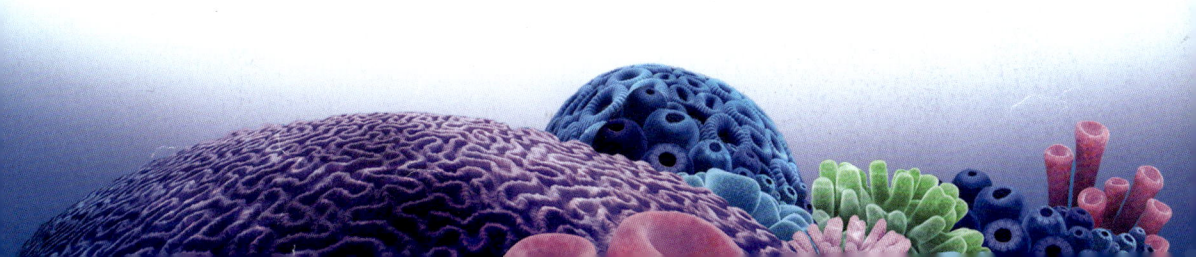

Dories Eltern haben ihr deshalb
immer alles Wichtige hundertmal
vorgesagt.
Aber es nutzte nichts.
Eines Tages schwamm die kleine
Dorie umher. Alleine.
Trotz aller Warnungen.
Und an den Weg nach Hause
konnte sie sich
nicht mehr erinnern.

Dorie fand ihre Eltern nie wieder.
Nur ein Gutes hatte die Sache:
So lernte Dorie ihre besten
Freunde kennen, Nemo und
seinen Vater Marlin.
Die beiden sind Clownfische.

Dorie ist immer fröhlich.
An ihre Eltern erinnert sie sich
gar nicht mehr. Doch das sollte
sich eines Tages ändern.

Dorie erinnert sich

Im Unterricht beobachten
Nemo, Dorie und die anderen
kleinen Meeresbewohner
vorbeischwimmende Rochen.
„Vorsicht, Sog!", warnt auf einmal
ihr Lehrer.
„Sog?", murmelt Dorie.
„Das habe ich doch schon mal
gehört!" Sie grübelt und grübelt.
Dabei merkt sie nicht, dass sie in
den Sog der Rochen gezogen wird.

Plötzlich fallen Dorie kurz
ihre Eltern ein, dann
wird sie bewusstlos.
Als sie aufwacht,
versucht sie,
sich zu erinnern.
Nach der Schule
wartet Marlin bereits
auf Dorie und Nemo.
Er möchte wissen, woran Dorie
sich erinnert hat. Doch sie weiß
es nicht mehr.
„Ich habe dich etwas murmeln
hören", meint Nemo dann.
„Der Juwel von Morrow Bay,
Kalifornien."

„Meine Familie!", ruft Dorie schnell.
„Ich weiß, wo sie sind. Ich muss
nach Kalifornien!"
„Papa, kannst du uns nicht
nach Kalifornien bringen?",
bettelt Nemo.
Marlin schüttelt den Kopf.
„Ich nicht. Das ist viel zu weit",
antwortet er traurig.

10

„Vielleicht hilft uns mein Freund
Crush*." Und richtig.
Schon bald klammern sich
die drei Fische an den Panzer
der Schildkröte Crush.
Einige Zeit später kommen sie
in Kalifornien an.
Marlin ist hundsübel.
So wild war ihre Reise.

*[sprich: Krasch]

Und jetzt?

In Kalifornien schwimmen die drei
Fische durch ein Wrack.
„Hey, hier war ich doch schon mal
mit meinen Eltern!", jubelt Dorie.
Auch die Namen ihrer Eltern fallen
ihr plötzlich wieder ein:
Jenny! Charlie!
Doch kein Fisch hier kennt
die beiden.

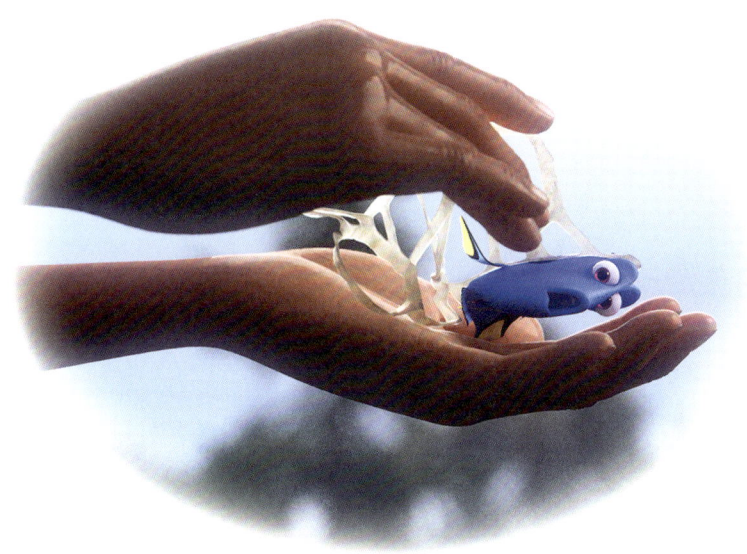

Als Dorie kurz auftaucht,
wird sie von einer großen Hand
gepackt.
Ein Mensch bringt den kleinen
Fisch in ein Aquarium.
An Dories Flosse wird ein
Fähnchen gehängt.
Kaum ist der Mensch weg,
schaut ein seltsamer Krake zu
ihr ins Wasser.

„Mein Name ist Hank",
stellt er sich vor.
„Du sollst in ein Aquarium nach
Cleveland* gebracht werden."
Dorie ist geschockt.
„Cleveland?", kreischt sie.
„Das klingt weit weg.
Ich muss doch hier bleiben
und meine Familie finden!"
Hank lächelt.
„Aber ich will
nach Cleveland",
verrät er.

*[sprich: Cliewländ]

14

„Wenn du mir dein Fähnchen
gibst, helfe ich dir zu fliehen.
Mit der Nummer auf der Fahne
werde ich nämlich nach
Cleveland gebracht.
Bist du einverstanden?"
Dorie überlegt nur kurz.
Das klingt nach einem guten Plan.

Was ist ein Meerespark?

Nemo und Marlin schwimmen
ratlos im Meer umher.
„Wo haben die Dorie
hingebracht?", fragen sie
zwei Seelöwen.
„Ins Fischkrankenhaus des
Instituts", wissen Smutje und Boje.
„Wenn ihr wollt, bringen wir
euch rein."

„Institut?", wundert

sich Nemo.

„Was ist denn das?"

Smutje weiß es:

„Das ist ein Park mit Wasserbecken.

Viele Menschen kommen hierher,

um sich Fische anzuschauen."

Nemo denkt nur an Dorie.

„Wie kommen wir da rein?",

fragt er.

Die Seelöwen lachen.

„Es gibt nur einen Weg für euch",

sagen sie. „Ihr müsst fliegen."

Smutje ruft den verrückten
Seevogel Becky.
„Du musst Becky
in die Augen
schauen und
ihren Laut
nachmachen",
sagt er zu Marlin.

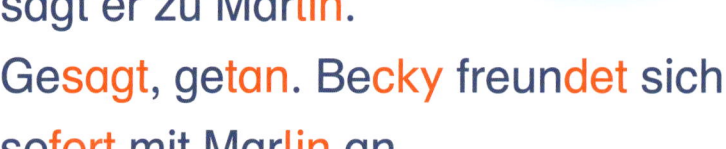

Gesagt, getan. Becky freundet sich
sofort mit Marlin an.
Die Clownfische springen in einen
Eimer mit Wasser. Becky packt ihn
und los geht der Flug. Marlin ist
überhaupt nicht begeistert.
So etwas Verrücktes hat er noch
nie gemacht!
Wo ist bloß Dorie?

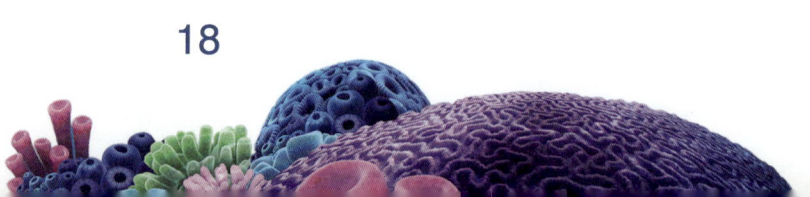

Flucht aus dem Aquarium

Drinnen tut sich auch etwas.
Hank hat Dorie mit seinen langen
Armen aus dem Aquarium geholt
und vorsichtig in eine Kanne mit
Wasser gelegt.
Vor einer Karte des Parks bleibt
er stehen.

„Ich muss wissen, wo deine Eltern
leben. Schau dir die Karte an.
Vielleicht findest du den Ort",
sagt er.
Dorie sieht sich die Karte
genau an.
Aber sie erinnert sich nicht.
Da entdeckt Dorie plötzlich eine
lila Muschel auf der Karte.
„Hey, solche habe ich immer
für meine Mama gesammelt",
fällt ihr ein.
Als einen Moment später ein
Mensch mit einem Wassereimer
vorbeikommt, hüpft Dorie hinein.
Ob der sie endlich zu ihren
Eltern bringt?

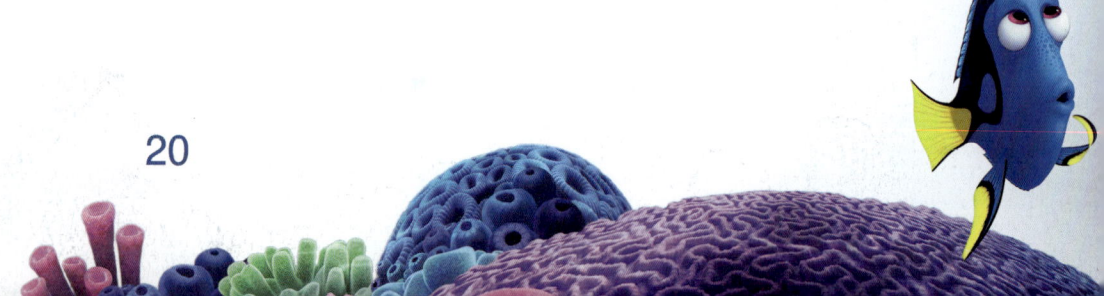

Der Eimer wird in ein großes
Becken gekippt. Dort lebt Destiny,
ein weiblicher Walhai.
Destiny hat schlechte Augen.
Doch als Dorie mit ihr spricht,
erinnert sie sich!
„Du hast auch hier im Park gelebt",
erzählt Destiny.
„Im Korallenweltbecken."

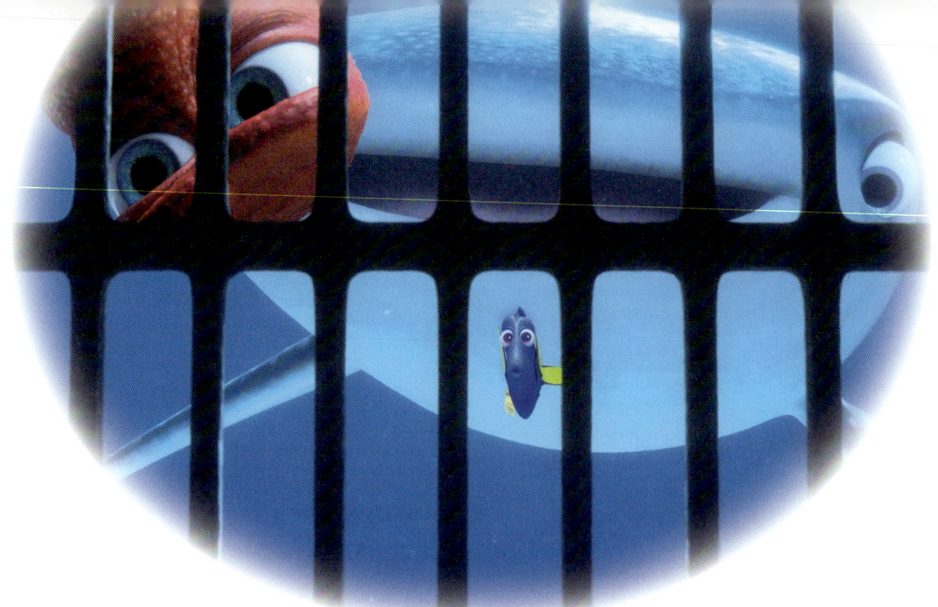

Destiny weiß, wie Dorie dort
hinkommt.
Sie muss nur durch das Rohr in
Destinys Becken schwimmen.
Doch Dorie fürchtet, sich zu
verlaufen. Da taucht Hank auf. Er
will Dories Fähnchen. Aber sie
bittet ihn noch mal um seine Hilfe.
Hank willigt ein, doch er passt
nicht durch das Rohr. Ein anderer
Weg muss her.

Wilde Fahrt

Hank klettert aus dem Becken
und springt in einen abgestellten
Kinderwagen.
Dorie packt er in einen Trinkbecher,
den er dort findet.
So kann sie alles sehen.
„Ich erinnere mich an nichts hier",
muss Dorie aber gestehen.

Nun wird Hank wütend. Vor lauter
Aufregung verliert er die Kontrolle
über den Kinderwagen.
In wilder Fahrt rasen die beiden
einen Hügel hinunter.
Quer durch die Menschen im Park.
Als die Räder an einem Stein
hängen bleiben, platschen Hank
und Dorie in ein Fühlbecken.

Hunderte von Menschenhänden
versuchen, die beiden zu streicheln.
Hank wird von einem Finger
gepikst.
Vor Schreck verspritzt er
seine Tinte.
Als die beiden ihre Köpfe aus
dem Becken strecken, können
sie es kaum glauben:
Das Korallenweltbecken ist
gleich nebenan!

Die mutigsten Fische der Welt

Marlin und Nemo fliegen noch
immer über den Park.
Doch da entdeckt
Vogel Becky eine
Tüte Popcorn.
Sie hängt den
Eimer an einen Ast,
um zu fressen. „Und jetzt?",
fragt Nemo seinen Vater.
Marlin bringt den Ast zum
Schwingen.

Schließlich fliegen sie durch
die Luft und landen in einem
Wasserbehälter.
Nun überlegen beide:
Was würde Dorie tun?
Sie schauen über den ganzen
Park. Alle zehn Meter ist ein
Springbrunnen.
Da kommt Nemo eine Idee.
„Dorie würde es tun!",
murmelt er.
Und Marlin
und Nemo
tun es auch.
Sie springen von
einem Wasserstrahl zum nächsten.
Ob sie Dorie so wiederfinden?

Hank hangelt

Kein Mensch hat Hank und Dorie
bisher entdeckt.
Und das soll
auch so
bleiben!
Hank
hangelt
sich über
ihren Köpfen an
der Decke entlang,
bis er am Korallenweltbecken
ankommt.
„Da drin sind meine Eltern!",
freut sich Dorie.
„Jubele nicht zu früh", warnt Hank.

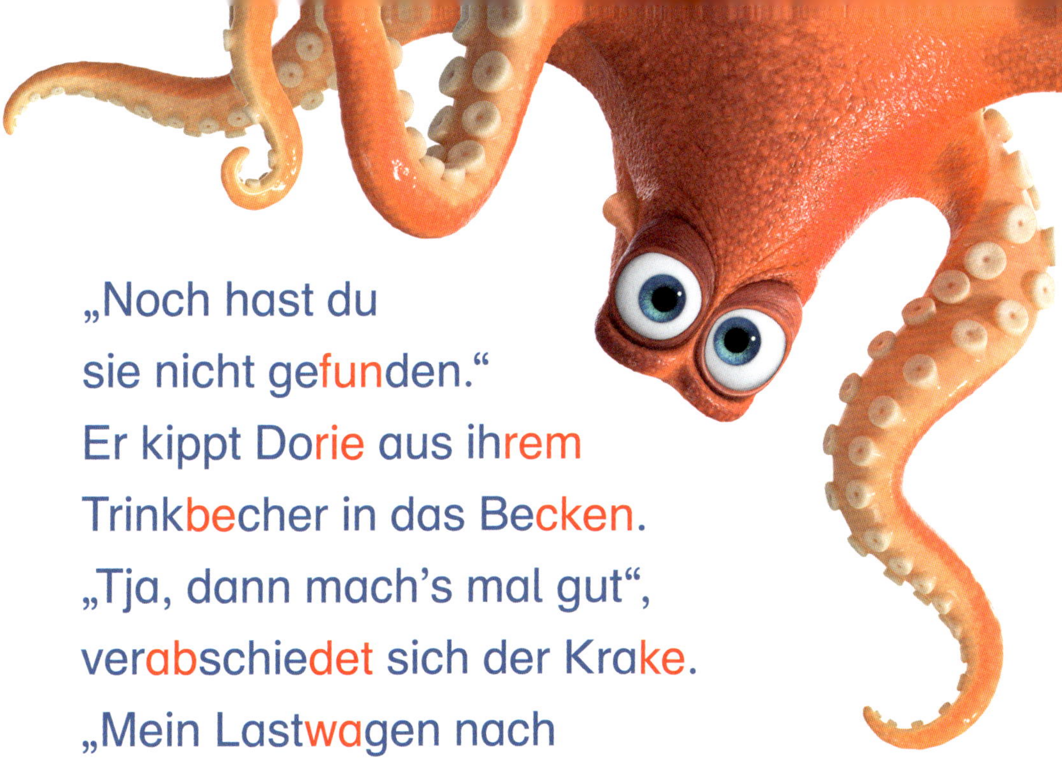

„Noch hast du
sie nicht gefunden."
Er kippt Dorie aus ihrem
Trinkbecher in das Becken.
„Tja, dann mach's mal gut",
verabschiedet sich der Krake.
„Mein Lastwagen nach
Cleveland fährt gleich los."
Dorie bedankt sich bei
ihrem Helfer und gibt ihm das
Fähnchen.
Sie verspricht, dass sie Hank
nie vergessen wird.
Aber das heißt bei ihr ja nichts.
Dorie schwimmt los,
um weiterzusuchen.

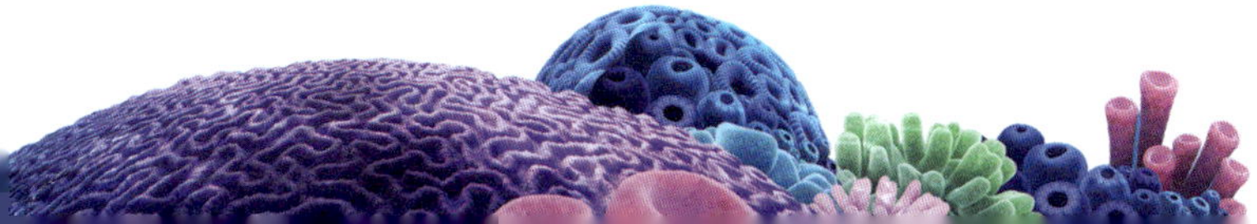

Mami? Papi?

Dorie schwimmt durch das
Korallenweltbecken.
Auf dem Boden entdeckt sie
jede Menge Muscheln.
Sie folgt ihnen.
Plötzlich erinnert sich Dorie wieder.
Ja, hier hat sie früher gewohnt!
„Mami? Papi?",
ruft Dorie.

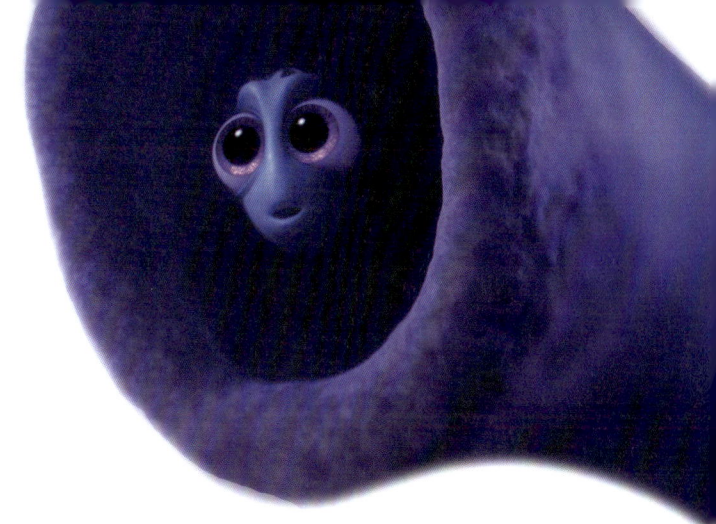

Doch
niemand
antwortet.
Dann fällt ihr wieder ein,
wie sie mit den beiden immer
Verstecken gespielt hat.
Und wie sie durch ein Rohr mit
Destiny geredet hat.
Doch eines Tages hat der Sog
sie nach draußen gesaugt.
Ins Meer hinaus.
Ganz alleine.
Suchend schaut sie sich um.
Wo sind nur ihre Eltern?
Kann ihr niemand helfen?

Zwei Krabben wundern sich:
„Hey, alle Doktorfische
sind doch im Krankenlager!"
Ob da auch Dories Eltern Jenny
und Charlie sind?
Sofort macht sie sich auf den
Weg ins Krankenlager.
Voller Hoffnung.

Im Krankenlager

Dorie kann es nicht fassen.
Sie hat ihr Zuhause gefunden.
Doch ihre Eltern
sind nicht da.
Sie entdeckt
das Rohr,
durch das
sie immer
mit Destiny
gesprochen hat,
und schwimmt hinein.
Schon bald verirrt sie sich.
„Destiny!", ruft Dorie hilflos.
Der Walhai hört seine
kleine Freundin.

Und Destiny weiß auch sofort,
wie sie Dorie durch das Rohr
lotsen kann.
Sie bittet ihren Nachbarn Bailey
um Hilfe.
Der Weißwal benutzt sein Echolot.
Er sendet Schallwellen aus und
macht eine schlimme Entdeckung.
„Achtung!", ruft Bailey.

„Du schwimmst direkt auf einen anderen Fisch zu. Er wird dich fressen!"

Doch es sind nur Nemo und Marlin.

Sie haben es endlich geschafft, Dorie zu finden.

Die Freunde umflossen sich.

Endlich sind sie wieder vereint.

Jetzt müssen die drei nur noch irgendwie zum Krankenlager kommen.

Wiedersehen

Puh! Die drei Fische sind ganz
schön außer Atem.
Aber noch haben sie Dories Eltern
nicht gefunden.
Von Aquarium zu Aquarium hüpfen
sie, bis sie im Krankenlager
ankommen.

Im Aquarium mit den Doktorfischen
bekommt Dorie eine schlimme
Nachricht:
Ihre Eltern waren tatsächlich hier.
Doch das ist schon eine
Ewigkeit her.
„Dann muss ich also allein
bleiben?", schluchzt Dorie.

Doch Hank lässt Dorie nicht
im Stich. Er holt sie aus dem
Aquarium und packt sie wieder
in einen Becher.
In dem Moment schnappt sich ein
Mensch das Aquarium und verlädt
es auf einen Laster.
Dabei greift er auch nach Hank.
Dorie fällt auf den Boden.
Über ein Abwasserrohr gelangt
sie ins Meer.
Dorie ist am Boden zerstört.

Doch dann entdeckt sie wieder
einen Pfad von Muscheln.
Hier ist es aber ganz
schön dunkel,
denkt sich
Dorie. Am
Ende des
Pfades ist
ein alter
Autoreifen.
Und darin leben
zwei Doktorfische:
Jenny und Charlie!
Dories Eltern sind überglücklich.
Endlich haben sie ihre
Tochter wieder!
Doch was ist mit den anderen?

Hilfe von allen Seiten

Hank, Nemo und Marlin fahren
in einem Lastwagen Richtung
Cleveland. Dorie sieht ihn auf der
Straße vorbeirauschen.
Was soll sie nur machen?
Da hat sie plötzlich eine
Dorie-Idee.
„Destiny!", ruft sie so laut sie kann.
Bailey weiß, was nun zu tun ist.
„Komm, Destiny!", sagt er.
„Wir müssen springen!"
Mit Anlauf sausen die beiden
über die Mauern des Instituts.

Direkt in den Ozean.

„Wir müssen den Laster dort auf
der Brücke stoppen", erklärt
Dorie ihnen.

Viele Tiere wollen dabei helfen.

Zuerst überquert Familie Otter
die Brücke. Alle Autos bremsen.

Dann hält Dorie sich an Destinys
Schwanzflosse fest. Der Walhai
schleudert sie auf die Brücke.

Dort fangen die Otter Dorie auf.

Sie bringen sie zu dem Laster,
in dem Nemo und Marlin sind.
Plötzlich kehrt der Fahrer zurück.
Becky kommt schnell Nemo und
Marlin zu Hilfe. Sie will auch Dorie
retten. Doch zusammen mit Dorie
und Hank schließt der Fahrer sie
im Laster ein.
Dorie gibt nicht auf. Sie entdeckt
einen Schlitz im Laster. Hank und
sie zwängen sich hindurch.
Als Hank sich von außen auf die
Vorderscheibe legt, ergreift der
Fahrer die Flucht.

Nun übernimmt Hank das Steuer.

Nach einer wilden Fahrt stürzt

der Laster ins Meer.

Bevor er im Wasser landet,

öffnen sich die Behälter.

Alle Fische glitschen ins Wasser.

Sie haben es geschafft!

Dorie ist glücklich wie noch nie.

Alle sind wieder zusammen.

Diesen Tag wird sie ganz bestimmt

nie vergessen!

Leichter lesen lernen mit der
Silbenmethode

Durch die Kennzeichnung der einzelnen Silben in Rot und Blau lernen Kinder leichter lesen. Das gelingt so:

- Die einzelnen Wörter werden in Buchstabengruppen aufgeteilt. Diese kleinen Gruppen sind leichter zu erfassen als das ganze Wort.

- Die Buchstabengruppen sind ganz besondere Einheiten: Sie zeigen die **Sprech-Silben** an, den Schlüssel, um ein Wort richtig lesen und verstehen zu können.

Zum Beispiel können bei dem Wort „Giraffe" auch die ersten drei Buchstaben „Gir" als Gruppe gelesen werden: Gir - af - fe. Das könnte dann der Name einer besonderen Affenart sein.

Mit den farbigen Silben dagegen werden sofort die richtigen Buchstabengruppen erkannt: **Giraffe**. Beim Lesen ergibt sich automatisch der richtige Sinn: Es ist das Tier mit dem langen Hals gemeint.

Dadurch lesen alle Leseanfänger leichter und besser – und auch die nicht so starken Leser können schneller Erfolge erzielen.

Die farbigen Silben helfen aber nicht nur beim Lesen, sondern auch bei der **Rechtschreibung**. Der Leseanfänger nimmt von Anfang an die Silbengliederung der Wörter wahr – und kann so die richtige Schreibweise ableiten.

Die original Mildenberger Silbenmethode wird seit über einem Jahrzehnt an vielen Grundschulen unterrichtet und führt bei Kindern nachweislich zu schnellerem Leseerfolg.

Weitere Informationen zur Silbenmethode auf:
www.silbenmethode.de